Jokivarren taidepalatsin kielikuvat

KM Wegelius

Isälle
Muistoille

KM Wegelius

Jokivarren taidepalatsin kielikuvat

Runokokoelma

Kannen suunnittelu: Mikael
Sisuksen taitto: Mikael
Kuvat: KM Wegelius, Veikko Wegelius ja Markus Wegelius
Blogini: https://kmwegelius.blogspot.com

Kustantaja: BoD – Books on Demand, Helsinki, Suomi
Valmistaja: BoD – Books on Demand, Norderstedt, Saksa

ISBN: 978-952-80-0875-0

Sisällysluettelo

Istuimme vastakkain,
hänellä kovakantinen vihko sylissään
kynä kädessään
valmiudessa kirjaamaan ylös asiat
joihin myöhemmin palaisi

Intensiivinen katse porasi kasvojeni,
ilmeideni ohi ajatuksiini
istuin siinä kuin alasti
kaikki näkyvillä
minuus ja ongelmani
minuuteni ongelmat

toivoin hänestä luotsia
reitin näyttäjää
ihmeiden tekijää
joka muutamalla ylimaallisella lauseella
muuttaa kaiken

Hän ei paljastanut ajatuksiaan tai tunteitaan
paitsi kerran
Epäilin seksin loppuvan elämästäni
nelikymppisenä, jos eroan
Hän naurahti ja kysyi
Eivätkö sukuni miehet harrasta seksiä keski-iässä

Sälekaihtimet olivat raollaan
ajatukseni pakenivat pienistä väleistä
todelliseen ulkopuoliseen maailmaan
Palasin sieltä nopeasti turvaan
suljettuun kodikkaaseen
siellä minä olin pääosassa
ja halusin häntä

hänen viisauttaan, myötäelämistään
hänen ymmärrystään
tavoittamatonta naiseuttaan myös

Terapeuttiin kasvaa vääjäämättä
alitajunnassa intiimi suhde
maksettu läheisyys muuttuu todeksi

Keskusteluissamme siirryn oman elämäni ulkopuolelle
havainnoin sitä kaukaa
näen sen selvemmin, analyyttisemmin
Elämäni tapahtuu myös tässä, nyt
Pitkät hiljaisuuden hetket
aluksi vaivaannuttavat
Tajusin kuitenkin niiden ymmärrystäni
laajentavan vaikutuksen

Hän katsoo minua kuin äiti
lempeästi kuin lastaan,
joka on tehnyt väärin
kuin ymmärtävä ja armelias äiti
hän katsoo

Poistun jälleen
määrätyn 50 minuutin kuluttua umpeen
hämmentyneenä, toiveikkaana
matkan toivottoman pituuden
haluan hetkeksi unohtaa

Astun kadulle, hymyilen
lääkkeiden ansiota
Poikkean kirjastoon
Tervehdin vartijaa tuttavallisesti

Portaissa törmään
vanhaan tuttavaan
hän oli enemmänkin

Päädyimme Viinille
hän on enemmän prosaisti
minä piirun verran lyyrisempi
keskustelimme kirjoittamisesta
lähestyimme väittelyn ilmapiiriä

Vältimme tilanteen pakenemalla läheiseen hotelliin
olimme tunteneet vuosia
aina meille kävi näin
viinikö sen teki
tiesin että välttelemme toisiamme
taas tulevat kuukaudet

Kotiin kävellessäni
pohdin terapiani tarvetta
tapahtunut, taas uusi syy
Ensi kerralla vaadin vastauksen kysymykseeni
Kasvanko aikuiseksi ennen kuin eläköidyn

Aika nousta ylös
unien kauneuden ja mahdottomuuden
pyyhkäisen todellisuuden tieltä

Aamun kajo ja kuulaus vaihtuu
tummempiin raskaampiin sävyihin

Kuuntelen raskaan hengitykseni
muuttuvan arkisen pinnalliseksi

Liian kauan olen unissani
karannut parempiin maailmoihin

Opettelen rakastamaan sinua
arjen valoja
tekemisten tyhjänpäiväisyyttä
kaiken keskeneräisyyttä
elämääni

Valo odottaa heräämistäni makuuhuoneeni kaihtimien takana
kärsivällinen odotus palkitaan raottaessani niitä
Valo valloittaa hetkessä nurkat ja peittojen poimut
Kehottaa minuakin samanmoiseen terhakkaan kiiruhtamiseen

Astelen huoneesta alas kadulle asti,
kiiruhdan samoja tuttuja katuja,
kunnes huomaan palanneeni kotiovelleni

Oli taas yö
housujeni puntit pölysivät tomusta
seisoin hetken porraskäytävässä
halusin tuntea valmiuden ennen paluuta

Seuraava yö,
pimeässä henkeni kulkee kiivaammin
varmemmin

Unessa vaihtelevat voimallisuus ja ajoittaiset epätoivon pirstaleet
Mieleni täyttyy sanoista ja rakenteista,
diakuvat vaihtuivat huumaavalla rytmillä.

Avaan taas kaihtimet
tänään valo tulee verkkaan ja harmaana

Leipomon ikkunasta paistaa houkuttava loimu

Uneni kuvat vielä mielessäni
ennen aamuhämärää
johon avaan silmäni

Talonmiehen harjan huiske
Naakkojen väittely pihan puissa
Sähköbussin hurina Humalistonkadulla
Vastapäisen toimistorakennuksen
valoissa kiirehtivät hahmot

Kaikki väittävät uneni on kuollut

Voisiko maailma herätä uneeni?

Oikein pinnistäessäni näen
kuusikymmentä vuotta taaksepäin

Niin pitkään mahtuu paljon
hyvää ja pahaa

Mikään entisessä
ei tapahdu nyt

En anna menneen vaikuttaa

Juon teeni nyt ja
rauhoitun tulevaan

Maailma mennyt sekaisin

Joutilaillakin kiire

Vanhukset suorittavat

Keksitään uusia tekosyitä sodille

Lääketieteen kehitys paljastaa alati uusia tauteja

Onni tulee saamisesta tai saavuttamisesta

Runoilija näkee tämän kaiken
istuu samassa purressa
huopaa eri suuntaan

Mitä enemmän vieraannun muista
sitä syvemmin tyhmennän itseni

Minulla on vain reppu selässäni
siellä tyhjä kulho

Onko elämäni kirkkaan selkeä
ilman rakennettua omaisuutta

Seuraavaan lepopaikkaan määräämätön matka
Yksinäisyys ja köyhyys ainoat ystäväni

ja repussani tyhjä kulho

Aamulla kiskaisen risaisen takkini niskaani
Itätuuli nostattaa aaltoja kotilahdellani
Sade piiskaa kulkuani hiekkatiellä
Vastaan tulee maamies traktorillaan
Talon pihassa kiiruhtaa emäntä koreineen
Pellon reunaan päästyäni
kedolla kajahtelee paimenpojan kutsut
Kalastusvene kolahtaa laituriin
saapuessani kyläkaupalle
Kauppias muistuttaa piikkini pituudesta

Kullakin oma elämä työssään kiinni

Mikä on minun virkani kaikessa tässä?

Lopettakaa linnut viserryksenne
varikset raakuntanne

on aika unelleni
ääntelynne ei ole melatoniinia aivoilleni

Uneni veisi minut siihen tiettyyn paikkaan
sinne haluan päästä

löytääkseni pois tästä,
 nykyisestä

Syytän lintuja turhaan
tekosyyni olla joutilaana

ryhtymättä

Kerrytän itseäni päivä kerrallaan

Fyysinen minäni pursuilee vyöni yli

Henkinen minäni pullistelee taakkaansa

Kunnes tajuan unohduksen

ja vyöni lisäreiät

Kuten auto väärällä kaistalla

Kävelen jalkakäytävällä
olematta suora
tietämättä minne

Kommunikoin kuin vieraalla kielellä
Leijailen itseni ulkopuolella

Se oli vieraannuttavaa
Se oli tautini alku

LOPPU

Olen tehnyt pitkän matkan
ylittänyt vuorijonoja
vaeltanut läpi loputtomien aavikoiden
kahlannut pohjattomien merien syvyyksissä

Kuinka lohduttavaa nähdä viimein kotipiha
tuttujen kumpareiden välissä

Laskeudun alas viimeisen etäisyyden
palata
sieltä ei pitänytkään lähteä

Vaipua uneen
edellisestä kulunut liian pitkään

Olen täällä niin yksin
onnellinen

Huomaamattaan katselen häntä
ymmärtämättäni kuuntelen häntä

Kiinnostumatta kuljit ohitseni

Hellitän, istun
näen puut
muiden siluetit

Sanojesi takana jo varjoja
lauseiden väleissä hiekkaa
kuin koneiston rattaissa

Sammutan valot
lasken pääni kirjoituspöydälleni
kuuntelen sadetta ikkunan takana
keskityn ääneen
muu katoaa

auringon valo
pilvien lomasta
verhojen välistä
menneen paljastaa

Bo Kasper laulaa
"Elämme aina, emme kuole koskaan"
Elokuvaohjaaja opettaa
Laita horisontti ylös tai alas
keskellä kaikki on tylsää

Seisot korkeammalla
näen sinut takaa
Jalkojesi juureen laskeva aurinko
sytyttää liekit pähkinäpensaiden oksille

Illan hämärä peittää kaiken
horisontti häviää
en uskalla sanoa sinulle
tämä kaikki loppuu, kuitenkin

Palasit juuri kotiin hikisenä, hengästyneenä
viimeinen harjoituksesi ennen Tukholman maratonia
suihkun jälkeen syöt proteiinirahkasi, ruisleipäsi
 juot jokailtaisen vetesi
ystäväsi, mies, soittaa
keskustelette uimisen tekniikasta
taas
olen kuullut nämä käännökset ja ojennukset
toistuvasti
Olen kotonani, mutten läsnä
yksinäisenä nämä valmistautumisen riitit
pyydät minua siirtymään toiseen huoneeseen
saisit rauhassa suorittaa joogaliikkeesi
oven läpi kuuluvat äänesi
herättävät mielenkiintoni
piiloteltu herkkyytesi muuttuu näkyväksi
hetkessä, hetkeksi,
kuin puun ja tulen yhteistyönä hehkuva nuotio
jälkeen jää kasa tuhkaa
onko se olomuotomme
olemmeko kuitenkin yhtä
yksin

Puutalojen kaartuvat rivit Mestarinkadulla peittävät näkymän päätepisteisiinsä
asukkaat piilossa toisiltaan seiniensä takana
yhteisen oven takana asuvat rakastavaiset
ajatukset piilossa toisiltaan

Puheillasi vakuuttelet yhtenään
epäilykseni siemen kylvetty möyhennettyyn maahan

sukkasillani juoksen portaissa ylös ja alas
pakoon ajatuksiani tai totuutta etsien
mustat sukkani kantapäistään puhki kuluneet

jalkani palelevat ja sieluni on tulessa
sanot lähteväsi
juoksen vielä perääsi
lätäköiden vesi kastelee kulkuni
kotiin palattuani valitsen vahvemmat sukat

Makaamme sängyllä vierekkäin
päivällä
valoisaan aikaan
vaatteet yllämme

Välillämme on kilometreittäin
pitkiä pimeitä äänettömyyksiä

Hiljaa toivomme jonkun rikkovan
tämän loputtoman odotuksen

Rikkinäinen ykseytemme
pitäisi uskaltaa lopettaa

Rohkeus voittaa tahdottomuuden

Nousen ylös
katson ulos
tämä katoaa
mitään ei jää
puutarhan perällä portti

Sovimme tappamisemme kahvilaan
toivoisin saavani sinut kotiini

Kun kujerrat puhelimessa asioitasi
saat himoni tulppaanit kukkimaan

Virität minut sanojesi ketjuilla
resonoin naiseutesi houkutusta

Vasta huomenna tapaamme
kokonainen vuorokausi kiihtyvää odotusta

Tavatessamme pelonsekainen kunnioitukseni
vaientaa minut
jään sinun aloitteidesi orjaksi

Pidätän hengitystäni odottaessani
Pelastatko minut takaisin

Elehdit näkymättömät lainausmerkit sanojesi ympärille

Häivytät ajatuksesi takapihan jätekasaan

Olen loukattu osapuoli
minulla on oikeus puolellani

et sinä voittanut, vaikka olen hiljaa

ilmassa on loppu
kuivien oksien rasahtelua
kun käännyn pois

neljä ovetonta seinää
murrettu auki

Nämä iltapäivän hitaat tunnit

Raskas kuumuus
pihapuutarhan kaikissa sopukoissa

Kesän tuhlailevan houkuttelevat tuoksut

Syreenien kukkia notkuvien oksien ohittama auringonvalo

Olenko tässä ja nyt,
aito ja onnellinen
parempi kuin muualla

Jos joku tässä kanssani

Älä valehtele minulle ollakseni turvassa
Vuodan sanani ja ajatukseni pidäkkeettömästi eteesi
Selittely on epäonnistumisen merkki

Rullaan matot voidaksemme tanssia hidasta valssia koko yön

Suhteemme on autiomaavaiheessa
Siirrymme uuteen aikaan

Omaksun uusia tapoja
opettelen käpertymään sisääni
voidakseni avautua uutena nuppuna kohti sinua

Lupaa ettemme koskaan pysähdy

Carren kahvilassa on kaksi siipeä

Valitsen aina toisen
paikaltani voin nähdä vilauksen hänestä

Juon teetä, selailen lehteäni
tunnen läheisyyden nostattavan pulssiani
Kuvittelen aina ruusuja hänen syliinsä

Kaikuja tästä kuuluu kaiken aikaa
Äänet kannattelevat minua kohti seuraavaa erämaata
jatkuvaa vaellustani

Haluan unohtaa kaiken järkevän

Haluan hullutella

Haluan tuntea virtaavan veden paljaissa jaloissani

Haluan tuntea korkean paikan ja
avaran paikan yhdellä vilkaisulla

Haluan tämän kaiken kanssasi

Halaan tuulessa tuivertuneita
pyykkinarulla pullistelevia
tuoksuvia lakanoita

Juoksen äitini syliin
lohduttavan naurusi turvaan

Ajan astiat putoilevat halkeillen lattialle
Jotkut sirpaleet kokonainen onnellinen kesä

Väleissä pimeyttä kuin äkkinäisessä sähkökatkoksessa
valottomat varjot pilkottu unohdetuiksi palasiksi

Jossakin joku kirjoittaa minut puhtaaksi
lisää pilkut ja tavuttaa oikein

Kun puhelimeni soi
havahduin kuin sadan vuoden unesta
Niin syvällä olin kaipauksessani,
jonka soittaja riisti mielestäni

Sain kutsun vanhemmiltani
tapasimme Seurahuoneen jugendsalissa
Söimme alkupaloja
Äitini teki selkoa naapurin poikien elämäntilanteesta
Silloin Eino Leino seurueineen saapui naapuripöytään
Isäni kysyi olinko syksyllä poikennut pohjoiseen
Kysyikö hän minulta vai Leinolta
Eino vastasi "suru suloinen, kaunis kaipuu, sua muistan,
Lapin ilman ihanuus ja kuulas riutumus"
En olisi osannut vastata näin, omat ajatukseni eivät soi
eloni on äänetön kaiku sydämeni kammioista

Vuosien jälkeen istuimme siskoni kanssa kaksin vanhempiemme
olohuoneessa
Ajatuksemme kohtaavat ja palaavat
näihin nuoruutemme aktiivisiin huoneisiin
nyt niin hiljaisiin
van Gogh rikkoo äänettömyyden lyödessään vasaralla sormeensa
osuu harhaan ripustaessaan Auringonkukkia makuuhuoneessa
Äitimme mittasi pituutemme vetämällä viivoja keittiön ovenkarmiin
Vincent huomasi viivat hakiessaan laastaria
Viivoistamme hän loi itselleen taiteellisen uran

Lähdimme, katosimme tulevaisuuteen, kaipasimme menneeseen,
toiseen kaupunkiin,
mietimme keitä olemme
Kuka sen päättää?

Nukut, vain välillä valvot,
molemmat olotilasi pulputtavat
alitajunnan mielikuvituksellisia harhakuvia
kapeaan todellisuuteesi

Hengität, pieneksi kutistunut
hauras voimaton rintakehäsi
polkee palkeen lailla
ylös ja alas

Sairaalavuoteen ympärillä valkoisilla tyhjillä seinillä
näet maisemia, elokuvia,
henkilöitä, joita et tuntenut todellisuudessa

Sanasi eivät enää muodosta lauseita
joihin ajatukset loksahtaisivat paikoilleen

Kaikki ajan määreet ovat menettäneet merkityksensä
On vain irrallisia hetkiä
ilman yhdistäviä rakenteita

Ainoa olemassa oleva pakollinen vakio on loppu
jonkun uuden alkusysäys

Kertaakaan en ole hahmottunut
siksi kuvitteelliseksi pojaksi
jonka isäni tunsi

Välillämme sykkii kuitenkin virtaus
välillä häilyvä, välillä voimallinen

Hyvänä piirtäjänä hän luonnosteli
minusta oman versionsa

Kuitenkin se oli vain luonnos
jonka itse työstin tarkemmaksi

Omat piirustukseni välillä epäonnistuvat
tahattomasti ne muovaavat kokemukseni ehjemmiksi

Unessa piirtämämme kuvat
yhtyvät elokuviksi

Helmikuu oli kuukausista julmin
mikään ei ollut vielä herännyt eloon
emme ehtineet saada kevään elonmerkkejä

Kuolleen, julman, aution maan maisemassa
myös inhimillinen menehtyminen
löi meitä surulla ja kaipauksella

Suvun vanhin sai arvoisensa, rauhallisen
hiljaisen lähdön, kuin uneen nukkuen

Nyt minun ja loppuni välillä ei ole suojaavaa sukupolvea
ymmärrän elämän ja kuoleman
minun kuuluu olla seuraava

Toivon, maa antaa vielä minulle kukintojaan
kunnes ottaa minut omakseen

Läntisen seinän isoista ikkunoista
maaliskuisen pakkaspäivän siivilöimät
haalean keltaiset auringonsäteet
osuvat arkun vitivalkoisen
kankaan laskoksiin

sinä olet nyt vähemmän eksyksissä
kuin me jotka arvuuttelemme
papin sanoja sielun olemuksesta
jälleennäkemisen lohdusta
kuoleman lopullisuudesta
ja armosta

Valkoiset kukat kuin hanki
symboloivat arvostamaasi täydellisyyttä,
puhtautta

Itkemme,
olemme yhteisellä polulla
kohti samaa päämäärää

Käsissäni on samat kynien painaumat
kuin isälläni
hän piirsi minä kirjoitan

Kirjoitan koska luen,
koska haluan tulla luetuksi

Luen samalla innolla kuin äitini

Haen vastauksia omiin mysteereihini
Kasvoissani samat uurteet
kuin tuntemattomiksi jääneillä isoisilläni
uurteet kuin kivettyneiden puiden kaarna
pysyvät läpi vuosisatojen
uusien sukupolvien jatkumoissa

Kaiken pysyvyys on katoavaa
Kaiken katoavuus on pysyvää

Yritän muistaa,
kaiken

Kuu opastaa
isän soutua
Pyhäjärvellä

Minä tarkkailen
veneen liikkeitä
utuiselta Härmälän
rannalta

Tekisinkö
samoja valintoja
ja liikkeitä

Oma kuuni
opastaa minua

Työvuorot uuvuttavat meidät
toimistomme seinät lähestyvät toisiaan
Kiirehdimme huoneitamme yhdistävillä käytävillä

Huomatkaa kuinka muodostamme yhtälön
lopputuotteemme suhteen

Konttorimme naiset karkaavat hiukset hulmuten
lähipuistoihin lounastunnillaan

Muistan Nauvon hevostilan vapaana juoksevat oriit
Kavioiden kumu kuuluu kaukaa,
kuin lähestyvä ukonilma

Hevoset kerääntyivät vihreälle niitylle
korskuivat voimakkaat lihakset värähdellen

Hetken heinää syötyään
säntäsivät uuteen päämäärättömään laukkaansa

kuin villihevoset
ilman rajaa
ne elivät täysin

Kun yritän huutaa
yli meren aaltojen pauhun
yli tuulen huumaavan paukkeen
itsekään en kuule
luonnon sensuroidessa sanomani

Voin vain nähdä yläpuolelleni
tuulessa purjehtivat lokit
korkeammalla kaartelevan kotkan

Kukaan ei minua kuule
eikä vastaa
pyrkimykseni inhimillisyyteen on yksipuolista
voimattomana edessäsi putoan polvilleni
kohtaan jylisevän voimasi

Kevät tekee talvelle loppua
päivä varastaa aikaa illalta
yö on vielä raskas

Puut nousevat kukkaan
tihkusade ja aamun sumu
hiljentävät luonnon

Haikeus menneestä
ilo tulevasta

Erehdyin luulemaan
kaikki on kuin ennen

Vaellan Karevan kiertoa

Syksyinen metsä on raikas

Kastan kuksani lähteeseen

Laavun lämmössä kirjoitan runoja

Pimeä tulee aikaisemmin

Viimein nukahtaessani
lennän kolibrina koivujen latvuksiin
korkeimmalta oksalta voin katsella
kaikilla suunnilla avautuvaa äärettömyyttä

valitsen suuntani
jatkan
sivuille tai taakse katsomatta

olen matkalla
päämäärättä
aina perillä

Äärettömän avaruuden halki
ymmärtämättömän kovalla vauhdilla kiitävän maapallon
talviaamu on rikkumattoman hiljainen

Mustan oksan haarassa istuva naakka tarkkailee lumista maisemaa
Raakkuu kiroilulta kuulostavan roiskeen noustessaan taivaalle

Lentoratansa, siipien iskujen lepatus
parkaisujen kaiut
ainoat elonmerkit katoavat kauemmaksi
kunnes häviävät kokonaan

Kuu laskeutuu alemmaksi
niin alas
suihkulähteen vesi
muuttuu kullaksi

Luontopolku tekee laajan kaarroksen golf radan ja meren lahden väliin

Sunnuntaiaamuna olen täällä yksin
ei vielä golffareita
ei lenkkeilijöitä

Luonto ja minä sulaudumme toisiimme

Ällistyttävän räjähtävällä nopeudella
jalkojeni juuresta
aluskasvillisuuden sokkeloista
pyrähtää lentoon rääkäisevä lintu

Säpsähdän
liian nopeasti siivet iskevät
hahmo katoaa latvustojen ohi taivaalle
en ehdi hahmottamaan lajia
edes väriä
saalislintu epäilemättä

Mihin se suuntasi kadottuaan näköpiiristäni
olen kyvytön seuraamaan

Taas häiriötekijä
taas uusi maassa kulkeva otus
hidas, kömpelö, lentokyvytön
onneksi
mutta niillä on räjähtäviä oksia
kuolemaa levittäviä aseita
Varmuuden vuoksi
nousin lentoon
nopeasti ylös
näkösuojaan

Ylhäällä tähystettävä otollinen uusi paikka
rauhaa rakastavalle ololle
kiusankappaleet levinneet
harmittavan laajalle

Jatkoin matkaani syvemmälle metsään
Koin yhteenkuuluvuutta ja harmoniaa
puut, purot, rannat, metsän eläimet
kaikki niin lähellä
tiiviissä yhteydessä

Päärynä, puu, nenä
päärynän nenä
puun nenä

Nenästä kasvaa puu
sen hedelmät päärynöitä

Magritten kuvat
hajottavat ajatukset
ajatukset rakennettava uudestaan
eri perspektiivistä

Tätähän luonnonkansat tekevät
päivittäin

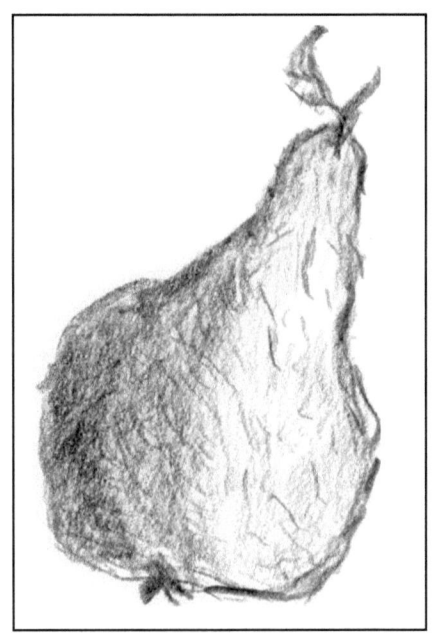

Sininen taivas, valkoiset hattarat
tuulen humina ainoa ääni

Etäällä sadetta täynnä seilaavat pilvet
eteenpäin puskevat, tuhoavat mutavellit

Toisaalla sama taivas, yhteinen aurinko
piinaava helle, kuumuus kuihduttaa elämän

Joku voimakas johdattaa asioita suuntaansa
vaan ei toiseen

Sateet vaihtuvat säteiksi säätiedotuksessa

Sateita oli helpompi sietää
Säteet ovat kuolemaksi

Lämpösäteily toi pahan

Tuuli

Tuli

Vesi

Maa

Tuli

Tuuli

Myrskyksi

Jää

Vesi

Höyry

Pilvi

Sade

Jää

Älä lähde

Kevät kasvatti virran leveäksi

Rantojen hedelmälliset penkereet
herättävätt vihreän kaikki sävyt

Kalastajan pyydykset täyttyvät onnesta
Kesä kypsyttää kaiken

Kuka kuulisi tämän haikeuteni

Nämä valoisat yöt ja päivät
kun vilja kypsyy
kun lämpö lepää maamme päällä

Pihan ratamot päässeet valloilleen puutarhassa
Voikukat levittäytyneet lehtimajan laatoituksille

Sirkat sirittävät, en kuule muuta

Ymmärrän hetken kaiken
mutta en osaa puhua sanoiksi

Kymmenes kuu,
ruskean virran raskas soutu
Lehtipuiden viluiset
paljaat käsivarret

Paitani kastuu
raskaan märän sumun syleilyssä
jalkani niljakkaiden, maatuvien lehtien kasoissa

kaiken kauniin aika on lopussa
alkaa hiljainen odotus

Ajattelen
Kirjoitan
Luen
Ajattelen

Kuulen
Ajattelen
Kirjoitan
Luen

Luen
Ajattelen
Kirjoitan
Luen

Kuulen
Ajattelen
Luen
Kirjoitan

Luen
Ajattelen
Luen

Opin

Turun tuomikirkon torni kohoaa ylös taivaalle
punaiset kyljet haalistuneet
sumujen peittämät
kellojen kumahdukset
kuuluvat vuosikausien kaikuina
uskoton ja uskonnotonkin
voi kokea rauhan
Kuorien komeus piilottaa
kellarien luurankojen tanssit
ulkopuolelle jäävänä
kuulumattomana
haluaisin
merkittävään sisään

Lähelleni päästämällä voin välittää
toisaalta voin siedättää kavahtamaani

Ulkopuolelle jättämällä voin vähätellä
tai koulin sieluani kestävämmäksi

Tekosyillä perustelu on pettämistä,
ei muuta

Hiukseni nousevat
sanani putoavat

ihmisen palo
tuhkasi sanat

ajatus lentää
vieraiden sanojen tykö

tätä kieltä en ymmärrä
sujahdan kuitenkin sisään

tämä matka tehtävä
vaaditut askeleet otettava

Miten kaikki esittävät näytelmää elämänsä kevyestä toimivuudesta

Kuinka huolet ja ongelmat eivät heitä koske

Kuitenkin hieman syvemmältä selviää
älä ketään kadehdi

On vain jatkettava näytelmäänsä
pyrittävä saamaan loppuun toteamuksen

Perustuu tositapahtumiin

Pitääkö ihmisen särkyä
tullakseen nähdyksi
näyttääkseen tunteensa

Kaatua, nousta
kasvaakseen

Olla vahva
uskaltaakseen näyttää heikkouden

Elämän ohittamattomat vaiheet
virtaavat kohti

Lopussa tulee lohtu
lopussa siirrytään parempaan

Tuleeko loppu?

Mies astelee sillan yli
kädet taskussa
hitaasti edeten
pää painuksissa
katse sillan pienoissa
ei virran juoksussa

kuin ei olisi päämäärää
ei ketään odottamassa
tai jonka luo ei kiirettä

Kun olen siellä
puutun täältä

Kun puutun sieltä
olen täällä

väkevä läsnäolo
luo tyhjiöitä toisaalle

valaiseva kirkkaus
jättää varjonsa

Kaiken ymmärrys
harhainen kangastus

Aurinkolasieni läpi näen kaiken kauniimpana

Kun paljastan silmäni

huomaan muiden värilliset lasit

Todellisuus värittyy paremmaksi

todellisuus illuusiota rumempi

Todella menestynyt
tekee omaan tahtiinsa
tekee nauttiakseen
ei enää tarvitse mitään
luopuu

Tukehduttaa minua kuin hikinen lakana, joka kietoutuu kaulaani
piehtaroidessani tuskissani sängyssäni
(viha)

Voimakkaan onnistumisen tunteen euforisessa kuohussa kuin kontrastina
kuiskattu tunnustus
(herkkyys)

Harvakseltaan kohtaamani häiriötilanne tunnetoiminnoissani syttyy kuin
kerosiini näkymättömään liekkiinsä, sammuu huomaamattani unohduksiin
(onni)

Kuin yrittäisin hahmottaa toisessa galaksissa aukeavia maailmoja kun yritän
ymmärtää vasemman kylkeni tuntemuksia
(kipu)

Pitkänmatkan juoksussa tärkeintä tasainen rytmi, mielipiteiden ja ajatusten
tyhjentyminen, usko maalissa odottavaan palkintoon
(rakkaus)

Kun itseäni isompi, pelottava, synkkien metsien kasvoton hirviö ottaa minut
lopulliseen syleilyynsä, hetki ennen hämärää
(pettymys)

Kevään ensimmäinen leskenlehti, todiste kaiken alusta, poimitaan,
leikataan, myrkytetään, silti juurestaan kasvaa uudestaan, uudestaan
(itsevarmuus)

Kun muurahainen nostaa selkäänsä itseään 5 kertaa suuremman ja 10 kertaa
painavamman kaarnan,
kuljettaa sen loputtoman matkan kekoonsa, väsymättä, ylittäen itsensä
moninkertaisesti
(vahvuus)

Oppisinpa kirjoittamaan lauseita hengästyttävillä ajatuksilla, sanoja kuin villieläinten jahtaavat katseet, kappaleet kuljettaisivat lukijan koskien kuohuista kohti seuraavan kappaleen avaruuden valloittavaa valon nopeudella kulkevaa sukkulaa
(itsemotivointi)

Näen tiukasti folioon käärityn sätkivän olennon aivan elämänsä alussa, vaikka edessäni on valtava tiskivuori ja kumihanskat kiristävät ranteitani
(mielikuvan voima)

Joen makea, ravinteikas vesi kohtaa suistossa meren suolaisen kovuuden yhtyessään ne sekoittuvat toisiinsa ja rajapintoihin muodostuu otollisia tiloja lisääntymisten leikeille
(ensisuudelma)

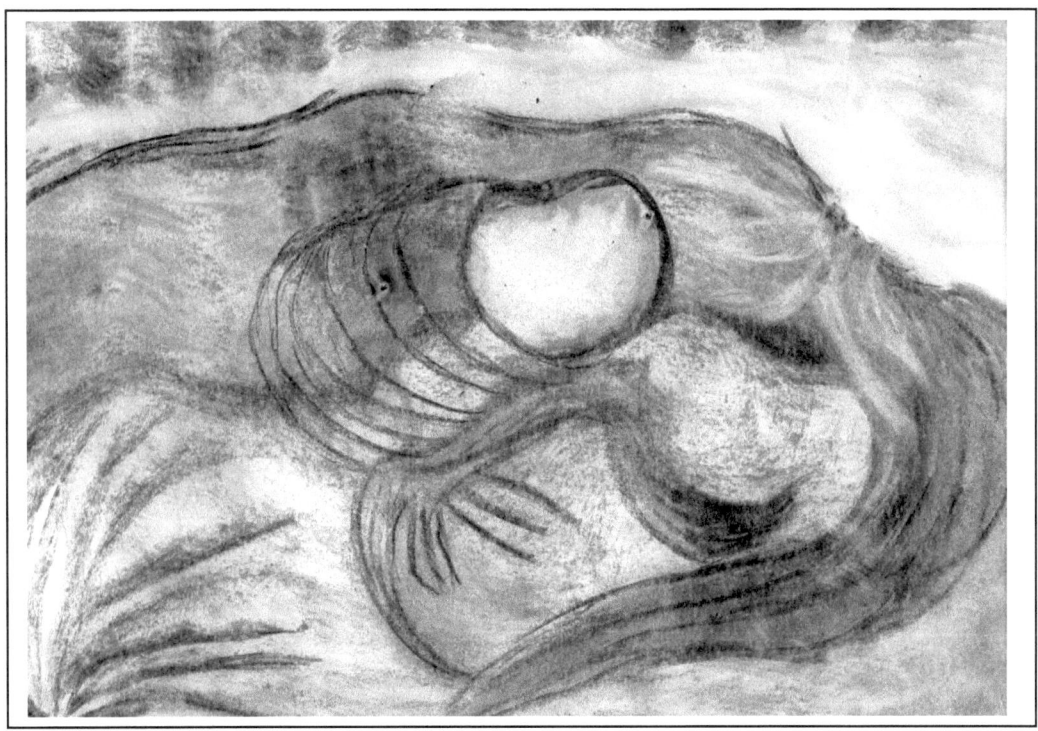

Minkä väität oikeutetuksi
teon, jonka väität erityiseksi
näyttäytyy muille jo pois kitkettynä
haitallisena rikkaruohona
luulimme sen jo kuolleen
herätit sen julmasti eloon
yrität herättää geeneihisi upotetun
itsevaltiaan ja alistajan

Jos olisit oikeassa
sinun pitäisi kasvaa ja kertautua
jäät nurkkaasi yksin

Olet esimerkki,
väärässä olemisen mallioppilas
paljastit sen mitä kavahdamme
saimme opetuksen
lähimmäisemme maksoivat siitä
hinta on kova

Vuoden alussa kumppanini esitteli minulle nuoren miehen,
kutsun häntä tässä Mariukseksi
Marius voi tässä yhteydessä merkitä myös sotaa

Ainakin Marius piti sotaleikeistä,
aiheeseen liittyvät elokuvat ja dokumentit
kiinnostivat häntä

Kuvat sodasta ovat pelottavia
ahdistavia ja synkkiä

Romantisoidut kuvat taitavista sotastrategioista ja sankareista
luovat harhoja, joiden suojassa Marius fantasioi

Marius on kuitenkin uhri
Jo vuosia häneen on kohdistunut
silmitön hulluus, sodan todellisuus

Polvillaan Marius kokee
kuolemaa, nälkää, pimeyttä, kylmää, toivottomuutta,
järjetöntä pahuutta

Sota tappoi Mariuksen
vaikka hän hengittää Kiovassa

Joskus hän oikeasti kuolee
tietämättä näistä hänestä kirjoitetuista teksteistä

Ymmärtämättömäksi jää myös hän,
joka Mariuksen ensin tappoi

Näinkö täällä elämme ja yhteisiä asioita hoidamme
Tätäkö on elämä ja yhdessä tekeminen
Jos tämä on yleinen ja hyväksyttävä
en kuulu tänne
emme kuulu tänne
Itsekkäimmillekö me annamme
oikeuden ja vallan
olemme loppumme tiellä
loppumme mahdollistaisi niin paljon hyvää ja kaunista
kilpailemme toisemme sukupuuttoon
käännämme katseemme aina valon suuntaan
ymmärtämättä pimeydessä piilossa pysyviä totuuksia
Kuusien kohina synkässä metsässä kuiskii valistaa meitä
Tekaistuihin valoihin on asutettu manipuloivat harhat
Kuusiin, puihin pesiään rakentavat
eivät enää tarvitse minua

WW lll

Ruumiit makaavat
alasti totuuden päällä
tahraten sen verellään

Tämä kaikki alkoi vääristyneistä ajatuksista
ajatusten puutteesta
kaiken edeltään tuhoavasta sivistymättömyydestä

Olemme häviämässä kotikentällämme
oman pelimme
ilman vastustajaa
itsemme lisäksi
tarvitsemme globaalin sivilisaation

Väitän, minä vähenen, sisältäni
Väitän, kukaan ei auta, ulkopuoleltani

Väitän henkisen varastoni tyhjentyvän,
eikä mikään ylimaallinen voima minua halua auttaa

Pimeys ja valo käyvät taisteluaan
kaikella voimallani pyrin tarttumaan toiseen
hapuillessani en ymmärtänyt yrittäväni

Väitän energialaskuni, mahdoton
Väitän, sodat riehuvat, jatkuvasti
Väitän, pasuunoita viritetään, kiihkeästi
Väitän, huomenna hän tulee, vale

Uskon, avaruudesta saapuu suuri kromaattinen lintu,
levittää siipensä,
luo uuden todellisuuden

Kun

avaan tietokoneeni

kävelen kadulla

avaan television

luen lehden

ajan moottoritiellä

kuuntelen radiota

käyn kaupassa

istun bussissa

käyn ravintolassa

vierailen taidemuseossa

selailen postiani

Kaikkialla vaaditaan: OSTA!

Palan halusta muuttaa maailmaa

Piilottelin tuhansia vuosia maan uumenissa

Kerran sain tulen alleni

enkä suostu sammumaan

Vuokseni on käyty sotia ja ihmisiä uhrattu

Voimakas ja vaikutusvaltainenkin

kuitenkin hintani on vain pari euroa litra

Runoilijan ainoa työkaveri, yksinäisyys
lohdutuksekseni uskon
en ole ainoa
yksin ongelmani kanssa
pelkään lopussa ei muuta
vain yksinäisyys
tekstieni pitäisi todistaa
elän
elin

Valitsemani tie ei välttämättä johda mihinkään

Olen matkalla, motiivi ja päämäärä eivät

Syntyä ja kuolla, paljon selittämätöntä hölynpölyä niiden välissä

Etsimistä
runojen kirjoittelua
löytämistä

Merkityksellistä kaikkien tyyni

Lähellä hiljaisuutta
kaukana pimeydestä
joka selättäisi minut ylivoimallaan

Kosken yksinäisyyden hiljaisuutta
annan sen helliä sydämeni rauhaa

Taivaan pudotessa palaan menneisyyteeni
kirjaston edessä seisova suihkulähde
sieltä ammensin sykkiviä säkeitä

En huku lähteeni veteen
hukun pimeyden ytimeen

Kokemani vääryydet ja loukkaukset
ajoivat kirjoittamaan runojani

Kuin vesi hakee uomansa
myös tuska on kanavoitava ulos

Onko kauniimpaa tapaa
kuin lyyriset säkeet
ja hiotut ajatukset

Sanat säilötty ruskeisiin puulaatikoihin
Jokaisen laatikon kannessa lukee "sekalaista"

Huomaamattani sanat karkaavat laatikoista
nojatuoleihin vetelehtimään
palaavat vääriin laatikoihin
eihän sillä väliä

Kerran päätän laittaa sanat järjestykseen
parempaan kuin Yoda
laitan laatikotkin järjestykseen
oven lukkoon etteivät karkaa
eikä kukaan sekoita.